LIDERAZGO

Poderosas habilidades de liderazgo para influir y mejorar la comunicación

(Persuasión para el crecimiento personal, conseguir el éxito y motivar a los demás)

Quint Arc

Publicado Por Daniel Heath

© **Quint Arce**

Todos los derechos reservados

Liderazgo: Poderosas habilidades de liderazgo para influir y mejorar la comunicación (Persuasión para el crecimiento personal, conseguir el éxito y motivar a los demás)

ISBN 978-1-989853-62-7

Este documento está orientado a proporcionar información exacta y confiable con respecto al tema y asunto que trata. La publicación se vende con la idea de que el editor no esté obligado a prestar contabilidad, permitida oficialmente, u otros servicios cualificados. Si se necesita asesoramiento, legal o profesional, debería solicitar a una persona con experiencia en la profesión.

Desde una Declaración de Principios aceptada y aprobada tanto por un comité de la American Bar Association (el Colegio de Abogados de Estados Unidos) como por un comité de editores y asociaciones.

No se permite la reproducción, duplicado o transmisión de cualquier parte de este documento en cualquier medio electrónico o formato impreso. Se prohíbe de forma estricta la grabación de esta publicación así como tampoco se permite cualquier almacenamiento de este documento sin permiso escrito del editor. Todos los derechos reservados.

Se establece que la información que contiene este documento es veraz y coherente, ya que cualquier responsabilidad, en términos de falta de atención o de otro tipo, por el uso o abuso de cualquier política, proceso o dirección contenida en este documento será responsabilidad exclusiva y absoluta del lector receptor. Bajo ninguna circunstancia se hará responsable o culpable de forma legal al editor por cualquier reparación, daños o pérdida monetaria debido a la información aquí contenida, ya sea de forma directa o indirectamente.

Los respectivos autores son propietarios de todos los derechos de autor que no están en posesión del editor.

La información aquí contenida se ofrece únicamente con fines informativos y, como tal, es universal. La presentación de la información se realiza sin contrato ni ningún tipo de garantía.

Las marcas registradas utilizadas son sin ningún tipo de consentimiento y la publicación de la marca registrada es sin el permiso o respaldo del propietario de esta. Todas las marcas registradas y demás marcas incluidas en este libro son solo para fines de aclaración y son propiedad de los mismos propietarios, no están afiliadas a este documento.

TABLA DE CONTENIDO

Parte 1 1

Introducción 2

El Aura Y La Influencia Del Liderazgo 6

¿Cómo Funciona El Aura? 6

Diferentes Enfoques Hacia El Aura Y La Influencia. 8

La Forma Suave: 9
El Camino Difícil: 9
La Forma "Empujar-Halar" 10
Esperando El Resultado 12
Compromiso 13
Resistencia 13
Acuerdo 14
La Motivación Real 16
Metas: 16
Esfuerzos Dirigidos 17
Dirección 18
Determinación 19

¿Cómo Hacer Sentir A Tu Equipo Que Lo Hicieron? 20

Cuando Seas Honesto 20
Motivación Que Los Capacita. 21
Intelectualmente Creativo 22
Energético Todo El Tiempo 23

Estrategias Probadas - Liderando Efectivamente 24

Inspirando A Tu Equipo 25
Involúcrate Cuando Sea Necesario 26
Una Comprensión General 26
Hazlo Tu Primero. 28
Haciendo Las Cosas De Manera Diferente Todo El Tiempo. 29
Terminando El Trabajo 30

Tiempo De Gerencia 31

Liderazgo De Primera Calidad 31

Ahorrado Tiempo Y Perdiendo Tiempo 32

Estarás Perdiendo Mucho Tiempo: 34

El Tiempo Perfecto Para Un Plan De Gestión 35

Cambio Y Efecto 39
Esfuerzos Persistentes 40
Recompensando A Tu Equipo 41

Controlando Las Distracciones 42

Manejando Situaciones Difíciles 43

Conclusión 45

Parte 2 49

Introducción 50

Capítulo 2 54

Liderazgo A Través De Las Eras 54

Capítulo 3 58

Las Cualidades De Un Gran Líder 58

Capítulo 4 68

¿Quién Es Un Líder Innato? 68

Capítulo 5 73

¿Puede Cualquiera Convertirse En Líder? 73

Capítulo 6 77

Preparándote Para El Liderazgo 77

Capítulo 7 84

Desarrollando Las Habilidades De Un Líder 84

Conclusión 90

Parte 1

Introducción

El liderazgo es un arte; un arte que se domina para motivar a las personas a lograr un objetivo común. El liderazgo exitoso es cuando las personas están motivadas y siguen al líder. Un líder alentará y se asegurará de que los objetivos establecidos se alcancen en el marco de tiempo dado. Un líder es el quien se hará sentir cuando los objetivos sean logrados. Y durante todo el proceso de motivar y liderar a las personas, el líder creará un ambiente positivo lleno de pasión y entusiasmo.

Este libro es para usted, si está liderando un proyecto o iniciativa y está buscando un éxito extraordinario. Y si usted es un miembro del equipo que quiere entender a su líder, este libro también es para que se asegure de contribuir de la manera correcta. El libro trata de cómo los líderes motivan. y hacer que el equipo sienta que lo hizo. Revela los secretos más importantes que un líder debe comprender para aplicar múltiples estrategias para visualizar y tener éxito hacia el objetivo final.

Este libro enfatiza cómo un líder puede influir en el equipo de manera efectiva y qué tipo de habilidades debe tener un líder. Podrá comprender y analizar la mentalidad de su equipo y por lo tanto, elevarse. El liderazgo efectivo es de muchos estilos y requiere ciertas cualidades extraordinarias. Después de leer este libro, no solo apreciará el contenido que presenta sobre los rasgos de liderazgo, sino que también comprenderá cómo seguir los consejos que se ofrecen. Puede lograr sus metas como equipo o un líder finalmente se asegurará de que el equipo alcance sus metas. ¿De qué sirve si no sirve para la perspectiva general? El mejor equipo puede ser contratado y el proyecto es un ganar-ganar para todos los involucrados, pero si los objetivos no se cumplen en el tiempo estipulado, todo el esfuerzo puede desperdiciarse. Esta situación es cierta, especialmente si se trata de un proyecto con límite de tiempo o un proyecto que requiere precisión. Su búsqueda para encontrar respuestas a este problema termina aquí.

Este libro contiene información que se ha investigado exhaustivamente sobre cómo administrar su tiempo y el tiempo de su equipo, independientemente de los registros anteriores y los problemas de gestión de proyectos.

El aura y la influencia del liderazgo

El aura se puede sentir por muchas razones. A veces la apariencia es más que suficiente para llamar la atención de alguien. Y los tiempos la mera presencia de alguien hace una gran diferencia. Su equipo apreciará su presencia en cada trabajo que realicen. Y si asumen cualquier tarea es porque lo hacen con respeto y con la magia que has creado a su alrededor. Cualquier decisión que se tome tendrá su influencia en ello.

¿Cómo funciona el aura?

El aura de liderazgo se siente en cada trabajo que realiza el equipo. Influye en cada decisión que tome el equipo hacia el objetivo común. Cuando se establece una dirección y los objetivos son claramente entendidos por todos, el aura del líder tiene una presencia sorprendente para asegurarse de que nadie se salga del camino de lo que se discutió originalmente. Tiene una fuerte influencia en la forma en que el equipo piensa en el líder. Es una impresión que el equipo tiene en mente y querrían tenerlo por más tiempo. El aura y una influencia positiva del líder deben usarse de muchas maneras que se centren en los resultados.

• Incrementar los niveles de compromiso del equipo hacia la meta

• Manejar situaciones de presión.
y hacer el trabajo

• Apoyo incondicional de los miembros del equipo hacia el objetivo general.

• Cualquier decisión tomada debe estar

bajo la influencia del líder

• Ayudar a los equipos a modificar sus planes y horarios de trabajo.

• Trabajar estrechamente en los patrones de comportamiento

• Estar disponible en todos los tiempos.

Diferentes enfoques hacia el aura y la influencia.

Los líderes más exitosos de hoy son los que tienen un aura e influencia inspiradora y consultiva para sus equipos. Al mismo tiempo, se observa que las tácticas suaves pueden no ser efectivas en todas las situaciones.

Así que necesitasentenderqué tipo de

enfoques prefiere y luego elija algunos que sean aptos para la situación.

La forma suave:
Se basa más en el aura positiva, el enfoque consultivo y la persuasión para realizar el trabajo. Se ocupa de los comportamientos y su influencia que es más constructiva y reflexiva.

El camino difícil:
Existen solo dos opciones para dar al equipo o un individuo por el líder. ¡Ya sea para aceptar la decisión o resistirse! De la manera más difícil, los individuos tienen menos libertad y espacio para desarrollar ciertas estrategias. El líder debe usar el camino difícil cuando las cosas se ponen

difíciles y no siempre.

La forma "empujar-halar"

Usualmente los líderes usan su aura e influencia en "El camino de empujar".
Para lograr objetivos a corto plazo. Y el "camino de atracción" es donde las personas se inspiran en el líder, entienden su visión y las apoyan en todas las situaciones. La forma de empujar es donde los líderes aprovechan su aura y empujan al equipo para obtener los resultados requeridos. Sin embargo, como se comentó anteriormente, la vía de empuje puede no ser exitosa si es un objetivo a largo plazo. Y la forma de halar es donde se siente el liderazgo y las personas se dirigen automáticamente hacia el líder. Así

que es en ese momento en el cual se decide cómo y cuándo hacerlo.

La mayoría de los resultados exitosos de un equipo tienen estrategias que combinan métodos suaves, duros, de empujar y halar. Cuando se acerca una fecha límite y el equipo está altamente motivado por el líder, entonces aplicar tácticas de presión sería una buena opción para lograr el objetivo a corto plazo. Y cuando se extiende, expresar la insatisfacción en cierta medida es bueno, pero expresar ira puede no ser el paso correcto.

Otra estrategia que toma el centro del escenario para influir en el equipo es cuando el líder establece ciertas expectativas.

Las personas lo siguen completamente con plena fe, ya que están influenciados por el aura. En esta situación, el líder comunica claramente que si el resultado esperado se completa en el tiempo estipulado, entonces el equipo obtendrá una recompensa o reconocimiento (el valor y otros detalles deben comunicarse claramente).

Esperando el resultado

Cualquier estrategia que se aplique debe ser exitosa solo si el líder lleva el aura y puede influir en las decisiones del equipo en un momento dado.

Los resultados o reacciones del equipo pueden ir en cualquier dirección. Por lo tanto, es responsabilidad del líder pronosticar tales situaciones e identificar estrategias adecuadas que incluyan cualquier tipo de incertidumbre

Compromiso

El resultado de una estrategia puede hacer que un individuo o un equipo se comprometan con el objetivo general. El compromiso pasa porque ellos quieren y no son forzados por nadie más. Y esto sucede como un gesto voluntario de la persona o el equipo cuando ven la visión y el aura del líder.

Resistencia

La resistencia de un individuo o un equipo sucede porque no están convencidos con la estrategia y el liderazgo. El extremo de la resistencia es cuando las personas intentan evitar al líder y no participan en ninguna de las discusiones.

Algunos de los extremos de la resistencia se relacionan con: rechazar, ignorar, poner excusas tontas, obligar al líder a cambiar su postura e intentar retratar al líder como una influencia negativa mientras finge trabajar dentro del equipo.

Acuerdo

El acuerdo ocurre más o menos debido a la influencia que usted tiene como líder y el equipo o la persona lo acepta, puede ser con menos interés. Como líder, ha influido en la decisión con su aura, pero la actitud del individuo no puede ser influenciada. Por lo tanto, este tipo de estrategia debe usarse cuando se tiene en mente algo específico que está dirigido hacia el individuo.

La motivación real

Los líderes más exitosos hicieron sentir a sus equipos que lo hicieron. Puedes desarrollar la mejor estrategia; Tienen planes extraordinarios para ser ejecutados y un gran lugar para trabajar. Pero qué pasa si no tienes un equipo que no está motivado por ti y sientes que ellos mismos lo han hecho. El mejor rasgo de un líder será visible cuando el equipo sienta que lo ha hecho con la sensación de estar seguro.

Para que el equipo realice su potencial y trabaje hacia el objetivo común, el líder debe considerar los siguientes aspectos:

Metas:
Explique al equipo qué tan importante es

mirar los objetivos individuales y vincularlos con los objetivos de la organización. Guíelos para fijar ciertos objetivos realistas y asegúrese de vincularlos progresivamente al objetivo general de la Organización. En el momento en que sepan exactamente lo que tienen que hacer, comenzarán a contribuir y su trabajo como líder es motivarlos y hacerles sentir que lo hicieron.

Esfuerzos dirigidos

El trabajo del líder es asegurarse de que los esfuerzos de los equipos se están utilizando de manera positiva. Puede ser una situación en la que el individuo haya contribuido enormemente pero el objetivo general del equipo no se cumpla. Por lo tanto, cuando el esfuerzo de alguien no esté bien enfocado, debe asegurarse de que se lo facilite independientemente de si lo notifica o no.

Dirección

No todos en el equipo pueden tener las mismas opiniones que tú. Alguien puede tener interés propio o una agenda oculta que puede chocar con el objetivo general de la organización. No está mal si lo identifica en las etapas iniciales y convierte ese interés en beneficio de la organización. Es responsabilidad del líder, monitorear continuamente la dirección individual y de los equipos y hacer los cambios apropiados cuando sea necesario.

Determinación

El signo de determinación debe venir primero del líder y hacer que el equipo sienta cuán fuerte es el deseo de completar la tarea. Y la misma determinación debe ser inculcada en el equipo, liderando con un ejemplo. En cualquier momento, el equipo es desmotivado debido a ciertas razones; El líder debe asegurarse de que el espíritu sea reintegrado por todos los medios. No todos vienen con un objetivo fijo en mente y no todos tienen la determinación de completar la tarea dada. El trabajo del líder es inculcar la determinación en la mente de los individuos y asegurarse de que esté ahí hasta que se haga el trabajo.

¿Cómo hacer sentir a tu equipo que lo hicieron?

Para que el equipo sienta que lo hizo con su completa guía y capacidad, debe usar muchos sombreros. El equipo gana confianza y ofrece su apoyo incondicionalmente:

Cuando seas honesto

La honestidad es siempre la mejor política. Para obtener el apoyo y la confianza de su equipo, debe asegurarse de que no forme parte de ninguna crítica. Cualquier trabajo que asuma debe ser con un objetivo limpio y el equipo debe sentir que es un movimiento desinteresado que beneficia al objetivo general. Cuando sea honesto, incluso si hay una leve desviación en la mentalidad de un individuo, estará en posición de mandar y volver a encarrilarse.

Motivación que los capacita. El líder debe asegurarse de que los niveles de motivación sean positivos y se apliquen en los momentos apropiados. Si aplicas demasiada motivación se tomará como presión.

Y si eres demasiado indulgente con el enfoque participativo, entonces la gente puede darte por sentado. Por lo tanto, la motivación debe ser de tal manera que eleve su espíritu, les permita realizar mejor su trabajo y les haga sentir que hay alguien que puede tratarlos bien si las cosas salen mal. Y como líder, debes saber qué necesitas y cuándo sacar lo mejor de tu equipo.

Intelectualmente creativo
Se volverá nulo y sin efecto si no puede ofrecer soluciones creativas a los problemas que surgen de vez en cuando. Necesita ser actualizado no solo sobre las situaciones, sino también sobre las tendencias actuales del mercado si tiene que impulsar una iniciativa.

Su equipo espera hacer algo diferente de la rutina y tienen que creer que lo produciría de la nada. Esta es una manera maravillosa de ganarse el respeto del equipo y les permite hacer su trabajo. Como líder, debe estar abierto a las ideas y, si proviene del equipo, debe asegurarse de que esté incluido de una forma u otra. Al hacerlo, la persona o el equipo sentirán que lo hicieron con su apoyo.

Energético todo el tiempo

Es posible que cuente con el mejor equipo que se auto-motive hasta cierto punto, y si lo ven sin interés en todo el proceso. En ese caso, dejarán de trabajar para depender más de usted o trabajarán por su cuenta sin ninguna dirección ni metas establecidas. El tipo de energía que llevas con tu equipo debe ser visible para ellos todo el tiempo. Nunca deben sentirse desmotivados debido a sus limitaciones. Si estás enérgico, deberían sentir esa energía a través de la atmósfera y la misma energía debería hacerles sentir que la tienen en ellos.

Estrategias probadas - Liderando efectivamente

Hay ciertas escuelas de pensamiento donde sienten que los líderes nacen y el liderazgo es un efecto de eso. Existen ciertas escuelas de pensamiento en las que sienten que se puede enseñar el liderazgo y se puede preparar a los líderes. Teniendo en cuenta estos dos pensamientos, un líder eficaz debe tener ciertas estrategias para liderar el equipo de manera efectiva. Los puntos mencionados a continuación son pautas que ayudarán a diseñar estrategias para convertirse en un líder eficaz.

Inspirando a tu equipo

Más que motivación y una estrategia, es un sentimiento cálido que el equipo siente en presencia y ausencia del líder. El aura del líder se siente en cada parte del trabajo que hace el equipo y esto es lo que la mayoría de los líderes exitosos llevan. Una estrategia inspiradora y efectiva es cuando el líder comunica los objetivos al equipo basándose en la confianza, el entusiasmo, la determinación y los niveles de energía. En el momento en que haya una visión compartida, el equipo sentirá que se los está considerando en el proceso de toma de decisiones y se inspirará en cada decisión que tome el líder.

Involúcrate cuando sea necesario

Un líder eficaz sabrá cómo compartir una visión con el equipo. La visión esencialmente no necesita ser contada al equipo diariamente, pero el líder sabe cómo el equipo debe participar en la visión compartida. El líder debe estar disponible siempre que el equipo necesite orientación y la forma en que el equipo lo tome debe ser su elección. Si desea que su equipo trabaje como usted quiere, la mejor estrategia es escucharlos primero. Entonces puedes crear una plataforma en la que puedan desempeñarse bien.

Una comprensión general

Como un líder necesitas tener una comprensión general de toda la situación y guiar al equipo hacia el objetivo final. Debe poder ver las situaciones que pueden surgir en el futuro y estar preparado con posibles soluciones. Debería poder hacer que el equipo tenga una sensación de pertenencia al saber lo que quieren y lo que se están perdiendo. Es posible que cada miembro del equipo no sea expresivo, pero cuando se asigna un trabajo, es su responsabilidad que completen el trabajo y expresen que lo hicieron. Si conoce bien su entorno, se encuentra en una posición de fortaleza y sabrá exactamente cómo realizar el trabajo, incluso si no está cerca.

Hazlo tu primero.

Cualquier trabajo que deba hacerse, debes comenzarlo primero y mostrar a los demás cómo hacerlo. Sus acciones deben expresar un tono más claro de lo que desea transmitir sin la necesidad de decirlo todo. Al ser capaz de asumir responsabilidades de manera proactiva, podrá realizar cualquier trabajo si alguien se da por vencido en el último minuto. Cuando haces algo como esto, todo el equipo te apoyará y estará contigo. La gente a su alrededor observa: en qué tipo de zona de confort se encuentra y puede salir de ella, si es necesario. Entonces, cuando demuestres que puedes levantarte y hacer ciertas tareas por ti mismo, se darán cuenta de que están en manos de un líder capaz. El mensaje para ellos es alto y claro. Harán su trabajo y se asegurarán de que lo hagan ellos mismos, el equipo, la organización y, finalmente, usted.

Haciendo las cosas de manera diferente todo el tiempo.

Cuando esté en este estado de ánimo, debe asegurarse de tener un equilibrio perfecto de lo que está sucediendo ahora y lo que puede suceder en el futuro. Y cuando haces algo en este momento, debes asegurarte de que siempre aprendas algo nuevo y de que implementes algo nuevo.

Su equipo y los demás siempre buscarán algunos aportes creativos para las cosas de rutina que suceden. Y como líder eficaz, no debe esperar a que sucedan cosas, debe tomar ese elemento de riesgo y asegurarse de completar el trabajo incluso si tiene que tomar el camino más innovador. Al hacerlo, le está permitiendo a su equipo probar algo nuevo e indicarles que puede absorber el riesgo si algo sale mal.

Terminando el trabajo

Puede tener el mejor equipo en su lugar y un gran plan en su lugar. Pero todo eso es realidad solo cuando se pone en acción. La verdadera acción y el papel de un líder comienzan cuando puede poner sus pensamientos en acción y cuando cuenta con la aceptación de todo el equipo. Debe tener un sentido de urgencia e inculcar el mismo espíritu dentro del equipo para hacer el trabajo a tiempo. Y siendo un líder capaz, nunca debes dejar a tu equipo hasta que el trabajo esté terminado. Su equipo seguirá adelante y completará el trabajo para usted y usted debe hacerles sentir que el trabajo se realiza por sí mismos.

Tiempo de Gerencia

Liderazgo de primera calidad

Ya sea tiempo de negocios o su tiempo de trabajo, no puedes cambiar un segundo que haya pasado. Todos cometen errores, pero los que sobreviven son personas que aprenden de sus errores y tratan de ganar ese segundo que se pierde. Como líder, si tiene que hacer algo efectivo, lo primero y más importante que debe hacer es hacer que su tiempo sea efectivo. Al mismo tiempo, no debe ser un maestro de tareas difíciles al explotar el tiempo de su equipo. Usted puede ser bueno asignando las tareas de su equipo, esto no significa que espere que todo se realice en los formatos prescritos, que son numerosos y repetitivos. En ese caso, perderá más tiempo en la coordinación de múltiples aspectos para una sola salida y su equipo también se desanimará para seguir sus órdenes, lo que puede parecer irrazonable.

Ahorrado tiempo y Perdiendo Tiempo

Podrías ahorrar mucho tiempo:

• Si respondes puntualmente a las solicitudes de tu equipo.

• Observe múltiples tareas y concéntrese en completar una que sea la más importante.

• Cree un horario que se centre en objetivos inmediatos, intermedios y a largo plazo.

• Solo olvida lo que no es necesario.

• Delegarlo en el equipo y generar confianza en el proceso.

- Deje de enfocarse en la decisión y comience a enfocarse en el proceso mismo.

- Concéntrese más en el tiempo: cuándo comenzar, cuándo terminar y dónde terminar.

- Tenga una lista de verificación con suficientes recordatorios.

- No pierdas tu tiempo y otros también.

Estarás perdiendo mucho tiempo:

- Si intentas retrasar lo inevitable.

- Tener metas y plazos que no sean realistas.

- Micro manejo e interferencia.

- Reuniones que son demasiado largas y no tienen agenda.

- Errores que podrían haberse evitado.

El tiempo perfecto para un plan de gestión

La organización y el equipo se beneficiarán si las actividades planificadas se realizan a tiempo sin explotar demasiados recursos que pueden no ser necesarios. Como líder, es su responsabilidad diseñar un plan que se adapte mejor al equipo en una circunstancia determinada.

• Asegúrate de no comprometerte en exceso ni de dejar cumplir tu deber. No debe tomar demasiadas cosas para demostrarle a alguien cuando no puede entregarlo a tiempo. O simplemente, debe aprender a decir no y también alentar a su equipo a que lo haga, si se sienten obligados a hacer demasiadas cosas en un ámbito limitado.

• Planifica tus actividades y las del equipo también. El mejor ejemplo de que tiene un plan de administración a un tiempo perfecto es cuando le da tiempo para planificar todo por usted.

• Es bueno realizar múltiples tareas a la vez, pero cuando empiezas algo, asegúrate de completarlas y luego pasar a la siguiente.

• La hora que establezca para hacer las cosas, debe tener una hora de inicio y una hora de finalización.

• Divida las tareas más grandes en tareas más pequeñas con líneas de tiempo más realistas y asegúrese de que estén delegadas y se realicen correctamente.

- Bueno, si planeas hacer algo, hazlo hoy y da el ejemplo.

- Asegúrate de no entrar en una especie de escenario de "hidromasaje". En el momento en que te metes en algo como esto, solo harás una tarea y te olvidarás de las otras cosas importantes.

- Finalmente, asegúrese de que su equipo esté motivado cuando lo vean hacer todo lo anterior y empiecen a hacerlo por sí mismos.

El líder –

Ayudándote a realizar tus metas

Si desea que se produzca un cambio, debe

comenzar desde usted y si desea que se produzca un cambio dentro y fuera de una organización, entonces usted debe ser el cambio. Como líder, es su responsabilidad hacer que su equipo establezca sus metas, logre sus metas y las realice.

Cambio y efecto

Los objetivos que establezca para su equipo deben tener probabilidades de lidiar con el cambio. Independientemente de los objetivos a corto y largo plazo, debe crear un ámbito en el que exista la posibilidad de cambiar o modificar los objetivos cuando sea necesario. Como líder, debe alentar el cambio que hará que el equipo o una persona sienta la necesidad de adaptarse. El cambio que fomente hoy tendrá un efecto duradero en el éxito del objetivo general.

Esfuerzos persistentes

Es posible que se te conozca como un líder capaz, pero tendrás más éxito cuando comprendas que el liderazgo es un proceso y no un título. Ahora, en el momento en que un individuo piensa que ha alcanzado su objetivo, hay toda tendencia que no observa lo que sucede a continuación. Es responsabilidad del líder asegurarse de que el equipo se concentre de manera persistente en supervisar el buen trabajo que se ha realizado.

Recompensando a tu equipo

Si su equipo siente que están haciendo todo lo que les ha asignado y más de lo que esperaba. Y de repente comienzan a sentir que no están siendo reconocidos, entonces usted no está haciendo un buen trabajo. Por otro lado, si invierte en un individuo y los entrena para una tarea específica, no significa que salgan a la luz. Y si todos los líderes comienzan a creer que al capacitarse en habilidades de liderazgo pueden lograr metas, obtener promociones o el reconocimiento debido, entonces es un gran error. Usted está capacitado para lograr un propósito y ese propósito debe cumplirse cuando crea lo que se le dice. Así que, más que nada, todo su esfuerzo como líder debe centrarse en recompensar a su equipo.

Controlando las distracciones

Si su equipo realmente está trabajando en una fecha límite difícil y se da cuenta de que no está allí cuando es necesario o que están siendo expuestos a un problema que enfrenta la organización, eso significa que están distraídos. Para evitar tales escenarios, como líder con visión, debe comunicar al equipo que deben esperar algunos aspectos imprevistos en el futuro y que estará con ellos hasta que pase.

Manejando situaciones difíciles.

En cualquier momento dado, un individuo puede sentir el pellizco de lo que ha recibido. Si sienten que el trabajo se está volviendo más difícil de lo que pensaban y planean renunciar, es su momento como líder para levantarlos y hacer el trabajo con facilidad. Como líder, es su trabajo inculcar un espíritu positivo en su equipo y hacerles sentir que el trabajo que han asumido es fácil y simple de ejecutar. Para hacer que el equipo navegue a través de las situaciones difíciles, debe hacerles visualizar el objetivo final y cómo pueden apreciar el momento una vez que se haya completado.

También debe hacer algunas modificaciones en las áreas en las que están bloqueadas y asegurarse de limpiar el búfer si tienen confusiones para completar su trabajo a tiempo.Los líderes, que se ganan la confianza de los demás, se asegurarán de que los sueños de su equipo se hagan realidad y no les importará si tienen que hacer ciertos sacrificios personales en el proceso. Como líder, el único enfoque que debe tener es mirar el interés de la organización, la pasión de su equipo y su éxito en el logro del objetivo final.

Conclusión

Para asegurarse de que su equipo sea influenciado positivamente por usted y logre sus objetivos, siempre debe asegurarse de desempeñar al máximo de su potencial. En el proceso general de su liderazgo, su equipo o incluso una sola persona nunca deben sentir que no está ahí para ellos. La única forma de conseguir las cosas hechas de su equipo es creando un impacto positivo en todos y cada uno de los trabajos que realizan.

Como líder, debes darte cuenta de que tienes que tratar con diferentes personas que también piensan de manera diferente.

- Un conjunto de individuos que son similares entre sí ya que sus necesidades son similares.El ejemplo más citado de necesidades, puede ser con necesidades básicas como alimentación, ropa y abrigo. Entonces, como líder, debe ser capaz de diseñar una estrategia para las personas que piensan que son como los demás y que podrían asociarse fácilmente entre ellos. Pero el desafío para usted sería cuando tenga que hacer que trabajen en algunas tareas diferentes a las que identifica el grupo.

- Un conjunto de individuos que se sienten superiores y hacen que los demás se sientan inferiores a ellos.Ambas categorías tienen fortalezas y debilidades. Un líder capaz es el que hace el trabajo de estas dos categorías y se asegura de que haya una sincronización en pensamiento y entrega.

• Y finalmente, el conjunto de individuos que son únicos en su creación, pensamiento y entrega con extraordinarios conjuntos de habilidades. Estas personas pueden ser un poco difíciles de manejar, pero definitivamente se requieren en la composición de un equipo. Influenciarlos, motivarlos, hacer que el trabajo sea hecho a tiempo y hacer que logren sus objetivos será un desafío más difícil.

Como líder, debe equilibrar sus necesidades ofreciéndoles el mejor ambiente en el que podrían trabajar sin comprometer lo que la organización podría ofrecer.

Si puede entender bien estos conceptos básicos de liderazgo, no hay nada que pueda impedirle ser un líder al que todos admiran. Espero que este libro haya sido capaz de brindarle una comprensión integral de las diferentes características del liderazgo. Quiero agradecerte una vez más por descargar este libro electrónico y sinceramente espero que lo hayas disfrutado.

Parte 2

Introducción

Este libro contiene pasos y estrategias probadas sobre cómo convertirte en un verdadero líder, cómo inspirar a otros para que compartan tu sueño y cómo trabajar juntos para que ese sueño se haga realidad. Trabajando lado a lado, mano a mano.

No solo eso, este libro también trata sobre lo que el liderazgo realmente es, y cómo la sociedad ha visto a algunos grandes líderes cambiar el curso de la historia a través de las eras. Proveo una lista de cualidades que encontraremos en un buen líder, cualidades que pueden ser comunes en un ser humano, pero aun así importantes.

Por último, este libro también contiene algunos pasos probados y definidos sobre cómo desarrollar tus habilidades para el liderazgo, para que te puedas convertir en el líder que el mundo necesita, y el tipo de líder que tú, por ti mismo, estarías encantado de seguir.

Capítulo 1
¿Qué es el Liderazgo?

En los tiempos modernos, una de cada veinte personas es una suerte de líder. El jefe que motiva a sus empleados a trabajar más duro, que va a la oficina los fines de semana, puede ser llamado un gran líder que sabe motivar a su personal. Un profesor que motiva a sus alumnos para que sobresalgan en sus estudioso para que aspiren a las mejores universidades del país, podría ser un gran líder. Incluso un individuo que tiene más de 3000 seguidores en Facebook y Twitter puede ser llamado un líder motivacional.

Cuando vemos tantos líderes a nuestro alrededor, ¿no parece como si estuviéramos tomando el término "liderazgo" de forma poco precisa?

Observemos a los líderes mundiales a través de las eras.En lugar de jefes corporativos, maestros inspiradores y celebridades de Facebook, veremos personalidades políticas, gente con una contribución mucho pero mucho mayor a la historia mundial y a la evolución humana.

Así que, si estos héroespolíticosfueron los verdaderos líderes de la historia humana, ¿Significa que esta gente de hoy, los empresarios, maestros y oradores de la sociedad moderna, no son líderes de verdad?

Mi opinión es que sílo son. Sus contribuciones pueden ser pequeñas comparadas con las de los héroes reales, pero no significa que tu profesor favorito de la Universidad no fuera un líder, o que no tuviera la habilidad para motivar e inspirar a los demás.

Definición de Liderazgo

La definición más común de liderazgo puede reducirse a un concepto relativamente sencillo:*Reunir a un grupo de gente con ideas similares y motivarlos para alcanzar una meta común*.

Este propósito común puede ser cualquier

cosa que un grupo de gente tenga toda la intención de hacer, pero no sería sino hasta que una persona particular, con carisma y determinación, motive a esta gente que se produzca el avance. Puede ser quien sea el que, de forma positiva o negativa, cambie al mundo y a la gente que hay en él.

Como indica la definición de liderazgo, es la cualidad de ser capaz de guiar a un grupo de gente hacia una meta común. Esta meta particular puede ser liberar una nación o cometer un crimen atroz. Ciertamente hubo personajes así, que fueron grandes líderes y sus palabras y acciones motivaron a otras personas a trabajar juntos por una meta común, sin importar las consecuencias de sus acciones.

No obstante, si vemos la historia del liderazgo, ha habido algunos cambios en el concepto, particularmente, en el tipo de líderes que hemos seguido a lo largo del tiempo.

Capítulo 2

Liderazgo a través de las eras

A lo largo de la historia, vemos como muchos tipos de líderes llegan a guiarnos y motivarnos, cada uno con su agenda privada, buscando resolver los problemas que envolvían a la humanidad durante esos tiempos.

Al inicio de los tiempos, tuvimos líderes religiosos que nos guiaron a la iluminación y el conocimiento, dándonos una noción de lo que estaba bien y de lo que estaba mal. Ayudaban así a la humanidad indicando el camino correcto a tomar en su andar.

Posteriormente, la raza humana fue motivada por grandes líderes que fueron a conquistar el mundo y a hacerse un lugar en la historia.

Tenemos a grandes maestros y pensadores que cambiaron la forma en que la gente veía la vida, los conceptos más simples de nuestro ser y nuestra razón de ser en este mundo. En la historia reciente tenemos a grandes líderes políticos que dieron a los ciudadanos del mundo esperanza y coraje para perseguir sus sueños, ya fueran libertad, unidad o esperanza.

Tenemos a los fabulosos trabajadores sociales: gente cuyo propósito y aspiración era ayudar a los que sufrían, los que necesitaban de su amor y compasión.Líderes como ellos pueden no haber liberado una nación o dirigido una guerra, pero tuvieron éxito en enseñar a la humanidad el verdadero poder del amor y la caridad.

¿Qué hay de los líderes del mundo moderno? ¿A quién seguimos hoy y buscamos que nos lidere en este ritmo de vida tan rápido que llevamos?

La verdad es difícil decirlo.Algunos líderes del pasado nos inspiraron y motivaron, pero en esta era de tecnología, competitividad, estilo de vida veloz y, por lo tanto, de un sentido general de confusión e inquietud, no podemos estar satisfechos con alguien que solo nos dice el camino correcto que debemos tomar. Necesitamos un líder que nos empodere hacia el éxito, alguien que nos indique la dirección y nos anime a avanzar y alcanzar lo que tanto hemos soñado y tenido fe en conseguir.

Si observas una lista de los líderes modernos alrededor del mundo, puedes encontrar el nombre de CEOs y CFOs, empresarios y magnates, millonarios y dueños de negocios.Así que ¿Significa esto que el liderazgo es estar a la raíz del poder y al tope de la escala corporativa?No necesariamente, porque esta gran lista también contiene los nombres de líderes espirituales que ayudan a la gente a conseguir paz e iluminación. Ellos no toman decisiones multimillonarias todos los días, pero aún guían a la gente hacia una meta común de paz y armonía.

En el mismo contexto, podemos también encontrar a gente que ha trabajado por si misma de forma peculiar para alcanzar la grandeza. Así que, ¿qué tienen en común todas estas categorías diferentes de personas para quedar dentro de la misma lista?

Lo que tiene en común toda esta gente exitosa, de campos tan diferentes, es que han trabajado duro para llegar adonde están. Tanto si son empresarios, maestros, pensadores o líderes políticos, se las han arreglado para tener gente. Gente con ideas similares que comparten supunto de vista: pensar que ellos también pueden lograr lo que sus mentores han logrado.Los líderes mundiales son nuestros mentores, ellos nos ayudan a soñar y darnos cuenta de la fuerza de nuestros sueños. A través de sus luchas y sus palabras inspiradoras, podemos creer en nosotros mismos y que también podemos llegar a donde ellos están.

Así que, ¿que tienen de particular estas personas, estos líderes, que nos impulsa a creerles y seguirles?

Capítulo 3

Las cualidades de un Gran Líder

Estos líderes mundiales, del pasado y del presente, prósperos e inspiradores en sus propios campos (política, economía, negocios u otros) tienen algunas cosas en común. Estas cosas son las cualidades que ellos poseen: las cualidades básicas que los separan de miles de personas. Estas cualidades de los líderes mundiales impulsan a los demás a escucharles, creer en ellos y seguir sus palabras y acciones. Un líder es una persona que siente y se ve igual que el resto, como cualquier otro ser humano en el planeta, pero que se diferencia porque posee un único set de atributos que no todos tienen.

Así que, ¿Cuáles son estas cualidades?

- **Dedicación**

¿Qué es un líder sin dedicación a aquello que quiere inspirara que otra persona haga? Alguien que puede soñar en grande, pero puede que nunca realice ese sueño.

Ese no es un atributo que vemos en un líder. La gente responderá automáticamente mejor a un líder que no solo sueña y planea sus metas, sino que se mantiene dedicado a cumplirlas. Un líder que no es devoto a sus objetivos no sería capaz de inspirar a otros a seguirle ni a influirles para que acepten sus lineamientos y direcciones. ¿Por qué la gente seguiría a alguien que solo trabaja a medias para tener éxito y no está dispuesto a darle a su sueño el 100%?

La respuesta es que no lo harían. Es la dedicación y el entusiasmo que vemos en una persona lo que nos inspira a seguirle, a creer en que será capaz de trabajar con todas sus fuerzas en nuestros sueños y metas para hacerlos realidad. Cualquier otro, que nos solicite seguirle o aceptarle, y espere nuestra dedicación sin dar señal de la suya propia, no es un líder que tendrá éxitoo inspirará asombro.

- **Decisión**

Una de las cosas que ansiamos en un líder

es la habilidad de tomar las decisiones correctas en el momento correcto, cuando todos los demás están aún en un estado de confusión o incertidumbre.

Los líderes son los que tienen la decisión final, esa siempre es la norma.Los seguidores trabajan junto al líder para hacer el sueño realidad, pero es siempre el líder entre ellos el que dará las últimas palabras al respecto, por lo que un líder que no es decisivo en el proceso, sino más bien vacilante, no es alguien que inspira confianza en los demás.

Muchas veces un líder debe tomar decisiones difíciles. En ciertas situaciones, pueden necesitar tomar decisiones particulares que parecerán no ser las más fáciles, pero lo harán con la mejor intención de beneficiara todos. Una persona que puede tomar decisiones como esas, sin vacilar y en el momento indicado, es un verdadero líder.

• **Honestidad**

La honestidad es una cualidad valiosa para

todos y más importante aún para un líder. Si una persona no es honesta, tanto consigo misma como con los demás, no será alguien de confiar. La gente busca un líder en quien puedan confiar y que sea merecedor de su confianza. Un líder deshonesto, no importa que tan carismático o influyente sea, no es alguien que pueda mantener la confianza de sus seguidores por mucho tiempo.

¿Cuál fue el Presidente más influyente, poderoso y amado de los Estados Unidos de América? Abraham Lincoln, por supuesto; ¿y cuál era su apodo? 'El Honesto Abe'. Incluso si no sabías quien fue Abraham Lincoln, ¿No te da su nombre una sensación de que serías capaz de creer en él? Abraham Lincoln sin la etiqueta de 'El Honesto' es aún un gran hombre, pero es el apodo el que le dio la credibilidad extra.

Cualquier relación, ya sea personal, profesional o entre un líder y un seguidor, necesita ser construida sobre la confianza. Si alguien no parece ser honesto y de confianza contigo, entonces toda palabra que salga de su boca tampoco sería algo que puedas creer y seguir con todo el corazón. No basta solo con parecer honesto, porque sus seguidores se darían cuenta tarde o temprano, de la persona que hay dentro, del individuo que está intentando parecer realista pero no lo es. Un líder diseñado para la grandeza necesita ser honesto, verdadera y genuinamente honesto, en sus palabras y acciones. Un líder tiene el poder de iniciar una acción a través de sus palabras y directrices y una persona que tiene tanto poder en otros necesita ser, sobre todo lo demás, sincero, honesto y directo.

- **Confianza**

Incluso en los momentos más inciertos, a la gente le gusta seguir a alguien que parece ser el más confiable, el más seguro de lo que hacen o van a hacer.

Tomar las decisiones correctas e inspirar a los demás no será suficiente si no se hacen con la confianza adecuada. Un verdadero líder no solo tiene que tener fe en sus decisiones e ideas, sino ser capaz de demostrarla a otros. Un buen líder debe, por lo tanto, tener confianza en todo momento. Es su confianza en sí mismo y sus acciones lo que impulsará a los otros a responder su guía.

Las cosas pueden no ir según el plan. Es raro que lo hagan en la vida real. No obstante, al encarar los problemas y la adversidad, el líder que comienza a dudar y titubear no es alguien que pueda seguir liderando. La confianza en él debe ser inquebrantable durante la adversidad, su seguridady equilibrio mental debentambién ser lo suficientemente convincentes para motivar a otros.

La verdad, un verdadero líder no solo debe empoderarse a sí mismo y a sus acciones, sino ser tan contagioso como para que los que le rodeen tengan confianza. Un líder con confianza atraerá fácilmente a los otros hacia él, quienes irán en busca de consejos y sugerencias, especialmente por parecer seguro de sus creencias y acciones.

• Compromiso

El compromiso es otro atributo que es raro en la gente, pero indispensable en un líder. Un líder que no muestra compromiso por su trabajo no puede ser alguien que los demás quieran seguir. Una persona que comienza algo y entonces decide olvidarse de ello cuando surge un problema, no es un líder real. Debe estar comprometido con su trabajo y con lo que les prometió a sus seguidores.

Si un líder quiere que sus seguidores se esfuercen para conseguir una meta, entonces él debería ser el que ponga el ejemplo. Es el compromiso a una causa lo que inspirará a otros a unirse y seguirle.Para un trabajador o seguidor, nada es más motivador que un líder comprometido con la misma causa por la que él trabaja día y noche para hacerla realidad.

Eso es lo que hace a un verdadero líder: el compromiso absoluto a su trabajo, a sus sueños, a sus metas y a la gente que sigue sus lineamientos.

• Comunicación

La comunicación es algo en lo que un líder necesita ser fluido, y esto incluye ser capaz de comunicar a través de sus palabras y acciones.

Las palabras, perfectamente posicionadas en el momento, intensidad y emoción correctos, son las armas más grandes de un líder. Son sus palabras las que transmitirán su mensaje al resto del mundo, a aquellos que fueron inspirados por él, le siguen y respetan.Su forma de comunicarse es una forma de manifestar los otros atributos que él posee: su honestidad, compromiso, dedicación y confianza.

Las palabras no son suficiente si las acciones de la misma persona no van con ellas, ya que las acciones de una persona son otra parte importante de la comunicación. No sirve hablar de dedicación y honestidad situs acciones demuestran lo contrario. Por lo tanto, las palabras y las acciones juegan papeles complementarios cuando se trata de habilidades de comunicación efectiva en el liderazgo.

●Optimismo

El optimismo también es esencial cuando se trata de liderazgo exitoso. Un verdadero líder debe tener confianza de cada paso que da en su camino, inclusive cuando todo se ve sombrío e imposible.

Un líder, ya sea un político, una persona de negocios o un pensador social, necesita mantener alto el espíritu de los demás, especialmente cuando las posibilidades son pequeñas, y eso solo es posible cuando él, por sí mismo, mantiene una apariencia positiva.Cuando el avance es difícil, depende del líder mantener los niveles de energía al ser positivo por sí mismo; de otra forma, su negatividad afectará a los demás a su alrededor.El que todos en el equipo se mantengan felices, optimistas y alegres, es una vía más segura al éxito que asumir que nada va a funcionar y que todo está condenado.

Estas son algunas cualidades que harían sobresalir a cualquier persona del resto, pero un líder, alguien que está destinado a liderar, inspirar y producir un cambio, necesita ser maestro en la mayoría de ellas, sino en todas. Estas características en una persona son algo que los demás respetarían y seguirían y son lo que harían a alguien un verdadero líder.

Capítulo 4

¿Quién es un Líder Innato?

Todos hemos escuchado de alguien que es descrito como un "Líder Innato".

¿Qué significa este término "Líder innato"? ¿Significa que un grupo de gente nació en este mundo con todas las cualidades que acabamos de leer en el capítulo anterior? ¿Significa que esta gente, estos líderes innatos, saben desde el momento en que nacieron que ellos van a ser alguien especial en el mundo? O ¿Significa que esta gente, que nació con algunos atributos específicos, decide liderar a otros en un momento particular de su vida?

Veamos lo que el término "Líder innato" puede significar para nosotros.

¿Tienes que ser un "Líder Innato"?

Lo que yo pienso es que, cuando llamas a alguien "Líder Innato", con la idea de nacimiento, viene la idea de herencia. ¿Puede alguien que nació para ser un líder no estar relacionado con una familia de líderes? ¿Es eso común? ¿Acaso vemos a todos nuestros líderes surgir de familiasde otros líderes?

Pues, ese no es el caso la mayoría de las veces. Hemos visto líderes que vienen de muchas familias y trasfondos diferentes. Familias de políticos vieron nacer a grandes líderes políticos en algunos casos; de la misma forma, vemos familias de magnates donde tanto los padres como los descendientes conquistaron el mundo de los negocios.

Por supuesto, ¿Quién puede olvidar a Don Vito Corleone y su hijo, Don Michael Corleone?

Estas son, realmente, las excepciones a la norma y no la norma en sí misma. La mayoría de los líderes que vemos en el mundo moderno, así como en su historia, se las han arreglado para hacerse con la fama por su cuenta y sin la ayuda de familiares con renombre.

Por lo que llegamos a la conclusión de

quela herencia no juega realmente un papel vital para ser un "líder innato". Así que, ¿qué implica realmente este término?

Continuando, en un intento por definir si se necesita nacer como alguien especial para convertirse en un líder, supongamos que ser "líder innato" significa nacer con un conjunto único de cualidades y rasgos de carácter que no están presentes en todos los demás.

No obstante, el "conjunto único de características" del que hablamos aquí, las que hemos discutido en el capítulo anterior, realmente son cualidades muy comunes que pueden estar presentes en cualquier persona. Un montón de gente en este mundo son orgullosos propietarios de todas o la mayoría de estas características, pero no todos ellos son conocidos como líderes famosos. ¿Piensas que cada persona que posee estas cualidades en su haber se convierte o está destinado a convertirse en un gran líder alguna vez en su vida?

¡No!, no necesariamente. Todos podemos nombrar a unas pocas personas que conozcamos que tenían todas estas cualidades, y más, y decidieron vivir vidas tranquilas de desarrollo y realización personal. No todos los que han tenido este conjunto único de cualidades y una personalidad fuerte están destinado a liderar una nación, a un grupo o incluso un gran negocio.

Eso nos deja con la noción de que ser un líder innato significa que estos atributos particulares de los que hablamos deben estar presentes y ser muy visibles en una persona desde su niñez. ¿Es este usualmente el caso?A veces, pero no usualmente. ¿Cuántos líderes que ha visto el mundo han tenido un inicio temprano en la vida? ¿Cuántos de ellos han mostrado su genio estando en el jardín de infancia, escuela o preparatoria? No tantos, apartando unos pocos ejemplos.La mayoría floreció y llamó la atención del mundo más tarde en sus vidas, ya siendo adultos maduros.

Personalmente, yo no creo en el "mito" del líder innato. No creo que los líderes, o al menos la mayoría de ellos, hayan nacido en su grandeza, sino que la obtuvieron a lo largo de su crecimiento en el liderazgo y aprendiendo a guiar a los demás.

Eso nos lleva a otra pregunta: Si el liderazgo no es natural e intuitivo, ¿Puede cualquiera convertirse en líder?

Capítulo 5

¿Puede cualquiera convertirse en Líder?

¡Técnicamente si y no!

Lo que yo creo es que casi todo el mundo tiene el potencial dentro de sí mismo para convertirse en un líder, la mayoría no son conscientes de ellos, y por eso eligen no ejercer sus deseos de ser líder.

Todo depende de cómo túdefines la palabra "líder". Si usas la palabra "líder" para hablar de alguien que puede dar las órdenes necesarias para que otros las sigan, entonces es posible que casi todos nosotros podamos eventualmente convertirnos en líderes algún día. Sin embargo, si el término líder significa algo serio para ti, si relacionas la palabra con personalidades como Nelson Mandela y Abraham Lincoln, y no con empresarios locales o dueños de negocios pequeños en tu vecindario, entonces ¡No! No todo el mundo puede convertirse en un líder.

No aparecen nuevas personas como

Nelson Mandela, Abraham Lincoln o Winston Churchill todos los días, y tampoco lo hacen magnates de negocios como Donald Trump, Warren Buffet y Bill Gates. No, yo creo que ellos son personas especiales. Ellos pueden ser realmente los líderes que siempre hayan estado destinados a cambiar el curso de la historia, en los campos de la política, economía, sociedad y negocios. Pero ¿Son ellos los únicos líderes en el planeta? ¿Son los únicos sobre los que leemos en los libros de historia y en Wikipedia? ¿Son acaso las únicas personas que pueden ganar el título de "Gran Líder" y por lo cual estemos leyendo y aprendiendo sobre ellos los próximos cientos de años?

¿Qué hay de los líderes que no han alcanzado tal nivel de fama? Los que, sin embargo, trabajan con todas sus fuerzas para traer un cambio en sus campos de experiencia. Los que no entrarían en los libros de historia, pero se las arreglan para hacer sus sueños realidad, así como los de las personas que les siguen y respetan. Me refiero a los trabajadores sociales que motivan a la gente a dar retribuciones a la sociedad; a los empresarios que inspiran a los más jóvenes a comenzar su propio negocio; deportistas y atletas que enseñan a los otros a ser lo suficientemente valientes para seguir sus sueños; profesores que instan a sus estudiantes a construir un futuro brillante; CEOs y MDs que pueden guiar eficientemente a sus empleados para que trabajen arduamente por la compañía que aman y aprecian; líderes espirituales que le dicen a la gente cómo escuchar su yo interior; y mucha más gente a nuestro alrededor que nos ha liderado y guiado todos estos años hacia el éxito, conocimiento, prosperidad y a cumplir nuestras metas. Si, tú también puedes convertirte en un líder si consideras a estas personas líderes, además de las personas que han logrado que el mundo entero conozca sus palabras, acciones, sueños y esperanzas. Así que, ¿qué te detiene?

¿Puedes convertirte en un líder también?

Sí, si puedes, y si has pensado antes de

otra manera, es posible que haya algo que te esté deteniendo.¿Cuáles pueden ser estos obstáculos?

La mayoría de las barreras presentes en tu camino para convertirte en el tipo de líder que tú mismo seguirías están en tu interior. Obstrucciones dentro de tu mente que te están deteniendo. Todo lo que necesitas es superar a esas voces dentro de ti que dicen que no puedes hacerlo por ti mismo o que no eres lo suficientemente competitivo para llegar a ser un verdadero líder.

Tú también puedes ser un líder, simplemente siguiendo algunos consejos sobre cómo desarrollar habilidades de liderazgo, como veremos en el próximo capítulo.

Capítulo 6

Preparándote para el Liderazgo

Como adulto, tú guías a los demás miembros de tu familia; si eres un padre, también lideras a tus hijos. En la preparatoria, probablemente lideraste a tus compañeros de clase a través de varios proyectos, o tal vez has dirigido un pequeño grupo de amigos cuando se organizó la competencia anual de debate.

Probablemente has conducido a tus amigos por un trayecto de senderismo o a tus padres en un viaje vacacional. Incluso en el trabajo, has hecho el papel de líder momentáneamente cuando discutiste un nuevo proyecto en una conferencia o cuando guiaste a los otros miembros de tu departamento para que trabajaran por tu proyecto soñado.

El punto es: todos hemos, consciente o inconscientemente, actuado como líderes en alguna situación de nuestras vidas, aunque de una manera sutil.Todos hemos sido líderes, y unos muy buenos, en algún momento, y si lo hemos hecho una vez, seguramente podemos hacerlo de nuevo.

No necesitas estar a cargo de un gran equipo, que siga tus directrices sin hacer preguntas, para ser considerado un líder, aunque ese sea tu objetivo al final. No necesitas a un grupo de personas que te alienten y sigan cada palabra para saber que eres un líder exitoso. Lo sabrás por ti mismo cuando veas que has logrado motivar a un grupo pequeño de personas y que estos te respetan y te admiran.

Prepárate a ti mismo

Un buen líder es una mezcla de un puñado de buenas cualidades: honestidad, dedicación, compromiso, confianza, decisión y algo más. Este concepto de "algo más" es lo que te diferenciará del resto y ahora aprenderemos algunas formas por las que te puedes preparar para ser un buen líder.

•Analízate honestamente

Antes de que comencemos este viaje, el

primer paso es examinarte a ti mismo, de la forma más honesta posible. Haz una lista con todas tus fortalezas y debilidades, para que puedas ver adecuadamente la persona que eres. Pregúntate:

o *¿Soy introvertido o extrovertido?*

o *¿Puedo hablar con extraños o me siento incómodo y tímido?*

o *¿Puedo hacer amigos rápidamente?*

o *¿Soy Bueno dando consejos a otros?*

o *¿Soy una persona segura o negativa?*

o *¿Soy Bueno resolviendo problemas?*

o *¿Aprecio a las demás personas?*

o *¿Escucho y acepto las ideas y opiniones de otros?*

o *¿Estoy abierto a críticas constructivas?*

o *¿Soy responsable y tomo la responsabilidad por mis acciones?*

o *¿Estoy abierto a nuevas ideas y procedimientos?*

o *¿Soy servicial y cooperativo?*

En estas preguntas yacen las respuestas no solo al tipo de persona que eres, sino también del tipo de líder que puedes llegar a ser. Las respuestas, si son dadas correcta y honestamente, indicarán las porciones de tu personalidad en que necesitarás trabajar antes de convertirte en un líder.

Si eres introvertido, necesitas comunicarte un poco más. También si titubeas al hablar con gente desconocida o si no haces amigos con facilidad. Si no respondes a un consejo o crítica útil, necesitarás cambiar eso.

Todos tenemos una idea de cómo debería ser un buen líder y, analizándonos a nosotros mismos, podemos juzgar exactamente cuánto nos falta para ser el líder que deseamos ser. Escudriñando nuestras deficiencias y atributos, rasgos personales y errores, podemos realmente conocernos y ver el tipo de líder que podemos llegar a ser algún día.

● **Ten una visión clara**

Cuando tratas de ser un líder eficaz, es evidente que debes tener un objetivo en mente.Tanto si tu visión es convertirte en el próximo gran líder político de tu nación, que tu negocio prospere o que tu comunidad sea una de las más exitosas de tu ciudad, necesitaras revisar cada paso cuidadosamente varias veces.

No basta solo con decir *"¡Voy a ser un gran líder!"*si no sabes a quien vas a guiar y hacia qué. Por otro lado, si tu pensamiento es *"Quiero ser parte de la política de mi país, para esto necesitaré unirme a mi consejo estudiantil local y lentamente trabajaré para subir de rango hasta que un día alcance el senado"*, será más fácil planear el curso de tus acciones a futuro. Si eres una persona de negocios y algún día quieres influenciar a tu sector, tu meta definitiva debería ser: *"Necesitaré motivar a mis empleados para que se apasionen por la compañía en que trabajan y juntos,* *algún día, seremos el mejor sector de la empresa"*. Con una visión tan clara como esa, te será fácil seguirla y explicarla a los demás.

●Comienza lentamente

Cualquiera que sea tu visión en la vida, siempre es aconsejable comenzar poco a poco. El día después de empezar no esperes que miles de personas te presten atención automáticamente y te sigan. Eso ocurrirá eventualmente cuando avances en tus objetivos.

El liderazgo toma tiempo y, si no eres lo suficientemente dedicado y comprometido, será lento llegar al lugar donde quieres estar Si esperas un salto milagroso, todo lo que encontrarás es decepción y frustración.Otros no te seguirán o respetarán solo porque se los pidas. Lo harán después de que hayan visto que luchas por un resultado, utilizando todas tus fuerzas y concentración, para lograr un objetivo por el que ellos también luchan.Te verán vacilar, caer y finalmente alcanzar el éxito y después, cuando noten tu devoción, comenzarán a considerarte un líder digno de seguir.

Así que ve lento, no tomes atajos. El verdadero camino al liderazgo es largo y estrecho, y para ser un líder que inspire asombro y respeto tienes que tomarlo.

Ahora que te has preparado, es hora de tomar el siguiente paso para convertirte en el líder que puedes llegar a ser.

Capítulo 7

Desarrollando las habilidades de un Líder

Un líder posee muchas habilidades y cualidades, varias de las cuales necesitas desarrollar con el fin de ser el líder que en el que siempre has soñado convertirte. En este capítulo discutiremos los rasgos que te prepararán para ser un líder exitoso.

- **Vive según la moral que predicas**

Como líder, tus palabras son importantes, pero también lo son tus acciones. Mientras transmites el mensaje de esfuerzo y dedicación, no te quedes en la tarima mientras los demás hacen todo el trabajo. Como un verdadero líder, tu lugar esen las trincheras junto al resto, incluso si eso significa que tendrás que trabajar más duro que nadie más. Cuando los comandantes de la armada lideran una expedición, ¿Solo les dan la orden a sus soldados de avanzar mientras ellos se sientan y se relajan?¡No! Ellos son usualmente los que caminan delante del resto, al frente de los soldados a los que les han ordenado pelear. Es su coraje y determinación para trabajar lo que motiva a los soldados y lo hace un gran líder.

Como un líder político o empresario, también deberías actuar al lado de tus empleados y trabajadores. No puedes hablar de compromiso y honestidad si no compartes la carga. Tus seguidores estarán totalmente inspirados cuando te vean a su lado, trabajando tan duro como ellos, si no más.

- **Sé un ejemplo a seguir**

Intenta convertirte en el modelo que a ti te hubiera gustado seguir. Vive tal cual cómo quieres que tus seguidores te vean, que no sean solo palabras y promesas vacías.

Un verdadero líder no solo da el discurso, si no que da los pasos. Si buscas una sociedad conservadora, vive de esa manera; Si buscas que la gente dé ayuda a los que la necesitan, se tu exactamente quien lo haga. No puedes llamarte a ti mismo amigo de los pobres y necesitados mientras alardeas de tus riquezas.

Para ser un ejemplo a seguir necesitas ayudar a la gente, no ser alguien en quien no se pueda creer por su doble moral. Necesitas convertirte en un modelo que ellos admiren, en quien crean y deseen seguir con todo su corazón. De otra forma, te mantendrás en el anonimato para ellos, alguien que no conocen o no entienden lo suficientemente bien como para amar y admirar.

- **Sé comunicativo**

Mantén siempre la puerta de la comunicación abierta. Si eres el CEO de una gran corporación o la cabeza de un gran partido político, siempre debes estar disponible para todo aquel que te necesite.

Tus palabras siempre deben ser capaces de animarlos y apoyarlos; ellos necesitan entusiasmo y esperanza, más aún en los momentos difíciles. Tendrás que ser un consejero para todos cuando necesiten ayuda y un solucionador de problemas siempre que haya obstáculos. Nadie, sin importar que sea el empleado nuevo en tu negocio, el trabajador con remuneración mínima, un voluntario o un simpatizante, debería sentirse menos importante. Es tu trabajo como líder hacerlos sentir tan importantes como tú.

Aprende a aceptar tanto críticas como consejos, aprende a ser responsable por tus fallas y convertirlas en esperanza para el futuro. Tus seguidores, empleados y equipo de trabajo buscan tu orientación y consejo, y nunca deberías decepcionarlos.

● **Aprende a delegar y disciplinar**

Ser un líder no se trata solo de animar y apoyar, sino que también hay ocasiones en las que deberás ser estricto, especialmente al delegar trabajo a otros y al disciplinarlos.

Necesitas ser capaz de transferir las tareas correctas a las personas correctas. Incluso si no saben que tienen un talento especial que estás buscando en una persona, tienes que reconocerlo y entenderlo.

Un buen líder siempre identifica los talentos y cualidades escondidas en sus seguidores y saben delegarles los trabajos correctos. De esta manera tus seguidores se sentirán apreciados, empoderados e intentarán darte su mayor esfuerzo.

La disciplina es otra parte importante de ser un líder, y un buen líder sabe cuándo y dónde ejercer el control en su trabajo. Un ambiente relajado y flexible es todo lo que un trabajador desea, pero debe haber algo de disciplina para poder trabajar eficazmente en equipo. Cuando un líder ejerce control, debe ser en la cantidad correcta, no tanto como para exasperar a todo el mundo y no tan poco como para que sea inefectivo.

Una vez que lo hagas y veas a tus empleados o seguidores comenzar a responderte como líder, estarás lentamente creando tu camino hacia el futuro. Sabrás como convertirte en el líder que todo el mundo busca y con quien se sientan honrados de trabajar lado a lado. Ese es el tipo de líder en el que deberías trabajar duro por convertirte y así podrás un día ser también considerado como un ser humano ideal y alguien que haya cambiado la manera en la que vemos todo lo que nos rodea.

Conclusión

¡Gracias una vez más por descargar este libro!

Espero que te haya dado el conocimiento y las vías para convertirte en un líder eficaz. Alguien que será capaz de motivar a otros a seguir sus sueños y a hacer los cambios que desea en el mundo.

El siguiente paso es simplemente seguir los pasos descritos en el libro para convertirte en el líder que siempre deseaste ser y hacer todo lo que siempre has soñado.

www.ingramcontent.com/pod-product-compliance
Lightning Source LLC
Chambersburg PA
CBHW070032040426
42333CB00040B/1580